Heinrich Vogl

Der Fremdling

Oper in 3 Aufzügen

Heinrich Vogl

Der Fremdling
Oper in 3 Aufzügen

ISBN/EAN: 9783743699878

Hergestellt in Europa, USA, Kanada, Australien, Japan

Cover: Foto ©Thomas Meinert / pixelio.de

Weitere Bücher finden Sie auf **www.hansebooks.com**

Der Fremdling

„Der Fremdling"

Oper in 3 Aufzügen

(Dichtung von Felix Dahn)

(Scenische Anordnung vom Komponisten)

Komponirt

VON

Heinrich Vogl.

Klavierauszug von Hans Steiner.

Preis M. 10.—

Eigenthum der Verleger für alle Länder.

BREITKOPF & HÄRTEL.

LEIPZIG · BRÜSSEL · LONDON · NEW YORK.

Eingetragen in das Vereinsarchiv.

Der Fremdling.

PERSONEN.

Odhin .	. Bass.
Thor . .	. Bass.
Baldur .	. Tenor.
Loki . .	. Tenor.
Freia	. Sopran.
Hardrun, verwittwete Königin von Gautaland .	. Mezzosopran.
Hâko, ihr Sohn erster Ehe . . .	. Bariton.
Nanna, ihre Stieftochter zweiter Ehe .	. Sopran.
Erster Todtengräber	. Bass.
Zweiter Todtengräber . .	. Bass.
Ein Herold . . .	. Bass.

Götter und Göttinen. Lichtalben beider Geschlechter. Walküren.
Einheriar. Krieger, Priester und Priesterinnen, Jungfrauen und
Volk von Gautaland.

Ort der Handlung: Asgardh und Gautaland.

Der Fremdling.
Oper in drei Aufzügen.

Heinrich Vogl.

Erster Aufzug.

Beim Aufgehen des Vorhanges zeigt die Scene den goldenen Saal in Asgardh. Im Hintergrunde rechts sieht man Mauern und Zinnen Walhalls, über die sich die Zweige der Weltesche ausbreiten und verschlingen. In der Mitte des Hintergrundes nordische Gletschergebirge, das beim Aufgehen des Vorhanges im Alpenglühen sich zeigt. Das Alpenglühen geht, zuerst gelb, dann weiss werdend in strahlenden Sonnenschein bei Baldur's Erscheinen über. Beim Sonnenaufgang erstrahlen die goldenen Wände des Saales durchglänzend.

Klavier.

(Der Vorhang öffnet sich.)

Stich und Druck von Breitkopf & Härtel in Leipzig

1. Scene.

Götter und Göttinnen, Lichtalben beider Geschlechter, Walküren, Einheriar
stehen geschart, den Sonnenaufgang erwartend.

CHOR.

Sopran.
Alt.
Grüsst mit eh_rendem An_gesicht, grüsst mit Singen und Har _ fenschlag,

Tenor.
Bass.

grüsst das stei_gen_de Mor _ gen _ licht! grüsst den hei _ li_gen,

jun _ gen Tag! Herr_licher weiss ich auf Er _ den nichts,

Belebter.
Belebter.

Se _ gens _ saat! leuch _ tender Bal _ _ dur, ver _ streu _

Etwas breiter.

seg_ne du Männern die Hel _ _ den _ that,

Etwas breiter.

Langsamer. M.M. ♩= 84.

Wei _ ber dul.den und Treu _ _ _ _ _ _ e.

Langsamer.

Der Hintergrund der Bühne erhellt sich immer mehr von der rechts aufgehenden Sonne; auch der gol-
dene Saal erstrahlt davon.

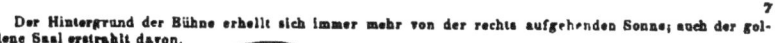

Baldur kommt in goldenem Wagen von oben, gleichsam aus der aufgehenden Sonne angefahren, der
Wagen hält in der Mitte vor dem goldenen Saale.

Breiter werden.

Sehr breit.
Baldur (im Wagen stehen bleibend).

Adagio. M.M.

Le . . . ben und

B.

Lie . . be, und le . . ben des Licht-

8

walt' ich und wirk' ich al . lem was ath . . . .

Baldur verlässt den Wagen, schreitet feierlich, immer im strahlenden Lichte,
vor und stellt sich rechts vom Hochsitz Odhins auf.

met.

Belebter. M.M. ♩ = 104.
Thor tritt freudig auf.

Thor.

(zu Baldur)

Heil   dir und

Bewegt. M.M. ♩= 80.

Loki (erscheint im Hintergrunde, nicht von Walhall kommend; er tritt sehr rasch auf und dem Vordergrunde zu).

Nicht

(scharf im Rhythmus)

L. wei — ter zu wäh-len braucht der Bräu — ti — gam meine

L. Schwe-ster, die schimmernd — schö — ne ra — then ihm red-lich Vet — tern und

(für sich)

L. Freun — — de. Fäl — len den Feind, den heiss ge-hass-ten, muss ich mit

L. Mord. Ver — ra — — then zur Ra-che soll mir den sü — ssen Schwager die

Leicht und duftig.

(Er bleibt links stehen.) (Freia tritt auf.)

L.

Schwester.

Freia.

Freu _ e dich Freund! Nun wird Won _ ne dir wer _ den! Dem

glän _ zendstem Gott, wie müh _ se _ ligstem Man _ ne wird im

Wei _ be nur Won _ _ ne. Lie _ _ ber mit

Lie _ be in sterb _ lichem Stau _ be le _ _ ben und

espress.

12

F. lei ... den, als le ... dig der Lie ... be, herr ... lich

F. herr ... schen und war ... ten in Wal ... hall!

2. Scene.

Odhin tritt auf, gefolgt von Asen und Einheriar.

Maestoso. M.M. ♩ = 88.

Odhin tritt vor dem Hochsitz.

Er schlägt dreimal feierlich mit dem Speer an den Schild.

Odhin.

Al_len A_sen und Al_ben in As_gard__ ge_biet'_

_ich Ge_bot Hier tagt das Ding der gu_ten Göt_ter.

(ruhiger im Ton)

Ver_mäh__len

muss sich der blü_hende Bal_dur so will's das Wohl der

(bestimmt)

gu_ten Ge_wal_ten so be_schloss es das

F. lei . . den, als le . dig der Lie . . . be, herr . lich

F. herr . schen und war . ten in Wal . . . . . hall!

2. Scene.
Odhin tritt auf, gefolgt von Asen und Einheriar.

Maestoso. M.M. ♩ = 88.

Odhin tritt vor dem Hochsitz.

Er schlägt dreimal feierlich mit dem Speer an den Schild.

Odhin.

Al - len A - sen und Al - ben in As - gard_ ge - biet'_

_ ich Ge - bot Hier tagt das Ding der gu - ten Göt - ter.

(ruhiger im Ton)

Ver - mäh - len

muss sich der blü - hende Bal - dur so will's das Wohl der

(bestimmt)

gu - ten Ge - wal - ten so be - schloss es das

24

Ruhiger.

Schick _ _ _ _ sal. Neid _ lo _ se

Nor _ nen wo _ _ ben es wei _ se dass ein

Spröss _ _ ling er _ sprie _ sse, ein E _ del.

er _ be, dem leuch _ tenden Lieb_ling der A _ sen und

Voriges Zeitmass.

Er setzt sich.

Al _ ben und der Ath _ _ men_den all',– wohl wäh _ le das Weib!

Thor.

Wohl: — wäh le das Weib! Wir

wol len dir's wahr lich mit Waf fen ge winnen und

müsst' ich zer mal men das Reich al ler

(etwas weicher)

Rie sen das Weib, das er wähl te,

bräch te ich Bal dur, dem be sten der Brüder.

16

Loki.

Hem_me den Hammer, Thor, und den Trotz! Nicht nach Riesenheim

L. reisen braucht der blü_hende Bal_dur: dem Gott genügt nur die

L. Göt_tin. Meine Schwester, die schö_ne, schenk' ich dem Schimmerer-

L. und verzich_te, bezahlt, zu schau_en den Brautschatz.

Et.

CHOR.

Ein

Et.

Baldur.

Auch der Albinen kei ─ ─ ne er ─ kor ich.

dim.

Loki (zornig).

Aus schlugst du der schönen Schwester Hand mit Hohn, reiz te dich ─ re ─ de ─

(höhnisch)

L.

der Rie ─ sinen Reiz o ─ der zottiger Zwergen?

Lebhaft.

CHOR.

Nen ─ ─ ne den Na ─ men! Brin ─ ─ ge die

Lebhaft.

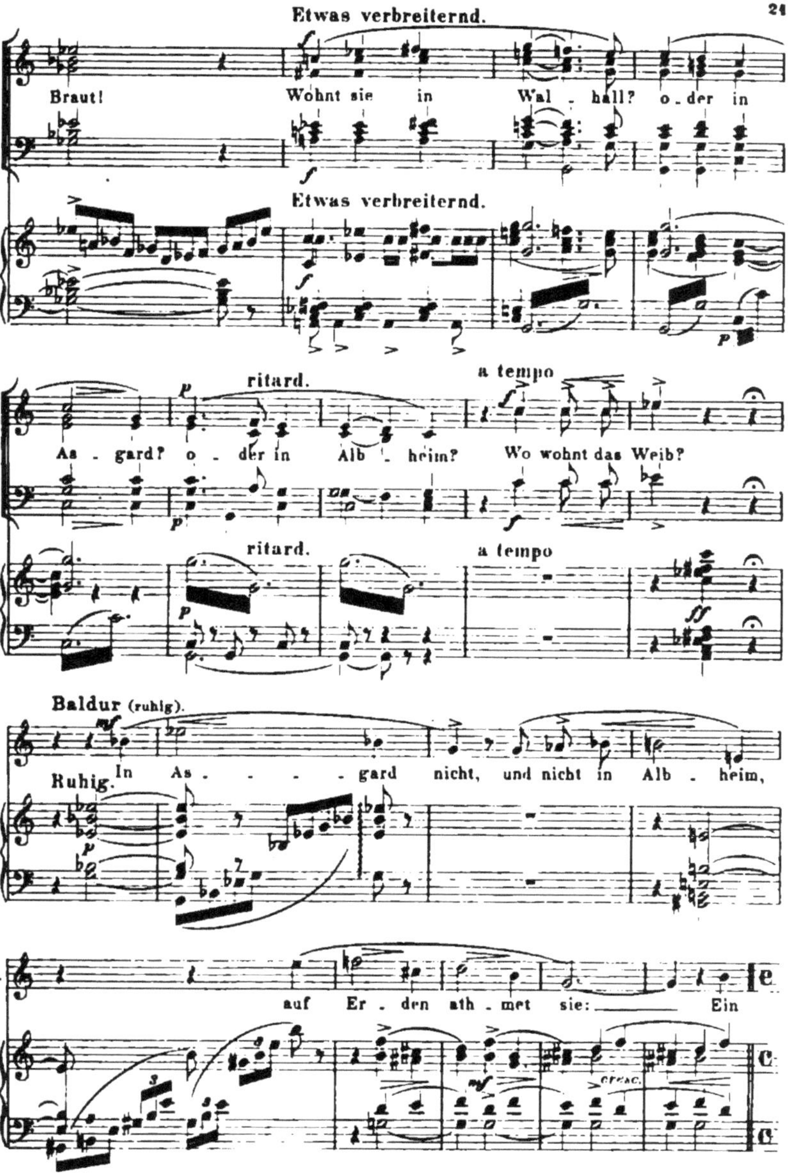

Etwas verbreiternd.

Braut!   Wohnt sie in Wal _ hall? o _ der in

Etwas verbreiternd.

ritard.   *a tempo*

As _ gard? o _ der in Alb _ heim?   Wo wohnt das Weib?

ritard.   *a tempo*

Baldur (ruhig).

Ruhig. In As _ _ gard nicht, und nicht in Alb _ heim,

B.   auf Er _ den ath _ met sie: _____ Ein

B. Men — schen-mäd-chen hol' ich heim.

CHOR. (sehr verwundert)
Ein Men — schenmädchen!

pp

(steigernd)
B. Ein

(grosse Bewegung)
Sterblich! Von Staub! Un-erhört! Un-erhört in dem Himmel!
ff *f*

B. Men — schen-mäd-chen wird mein Weib: Sie

L. Weg! Ihr wisst es wohl so ge-
beut das Gebot: Nicht neh_men wir neu_ e Glie_der, wir glän_zenden
Göt _ ter auf un_ter As _ _ gards E_del-Er_ben,
wehrt wi_der_sprechend ein ein _ zi_ger A _ se?

(zu Odhin sehr bestimmt)
ist es nicht al _ _ so, Va _ ter, ge_festigt?

Langsam, feierlich.

Odhin (hat sich erhoben).

Wahr ist das Wort: so ist der Eid,

so be_schwo_ren der Schwur. **Loki. frei** Wohl denn: ich weig're dem Wei_be den

früheres Tempo Loki's.

Weg! Nie _ mals na _ he,

nim _ mer mehr Men _ schenmaid den Wohnungen

Etwas langsamer.

Wal _ _ _ hall's! Herb verhasst mir im

L. Göt - tern als Rie - sen reich.

frei und breit — ruhig — a tempo — Thor.

L. Ich weh-re ih-nen Walhall! Ich a-ber, ich

T. eh - re ih - re Art! Freia. Ich lie - - be

F. sie, ich lo-be sie. Und ich? All-va-ter auf Odhin (feierlich).

O. Er-den, heiss' ich wie hier im Him - - - mel.

30

L. Prü_fungen wer_de das Weib, be_steht____ sie die

L. Starke_ nicht will ich ihr wei _ ter Wal_hall

frei

L. wei _ gern. Was wet_test du wohl? was bietest du,

im Tempo

L. Bal_dur?_ Un _ wei_se wär' ich thörig und

L. täppisch wag_te in der Wet_te den Einsatz nur

35

L. ich. Werth um Werth _ so heisst es der

L. Han _ dell Was wet _ test wohl du? Was bie _ tet wohl Bal _ dur?_

L. Er _ liegt die Lieb _ li _ che der pro _ benden Prüfung, was

ritard. _ _ _ _ a tempo
L. bie _ test du, Bal _ dur, sprich, in dem Spiele? Doch

L. Gold nicht begehr' ich: ro _ the Rin _ ge, schimmernde

36

Schä-tze besitz' ich sel-ber: wenn wirk-lich des Wei-bes

Treu-e du traust ___ eh-re die Ed-le mit

e-delstem Ein-satz: was wettest du wohl, was bietest du, Bal-dur?

Baldur (den Sonnenhelm abnehmend, vor Odhin kniend).

Sieh her — hier: mein Haupt! (Allgemeine Bewegung.)

CHOR. We_he! was wagst du! Wel_cher Wahn, Baldur, be_thört dich? Lo_ki, lass

ab! dür _ _ sten nicht darfst du _ nach des Bru_ders

Loki (für sich).

Ha, das Haupt des Ver_hass_ten, ich

Blut!

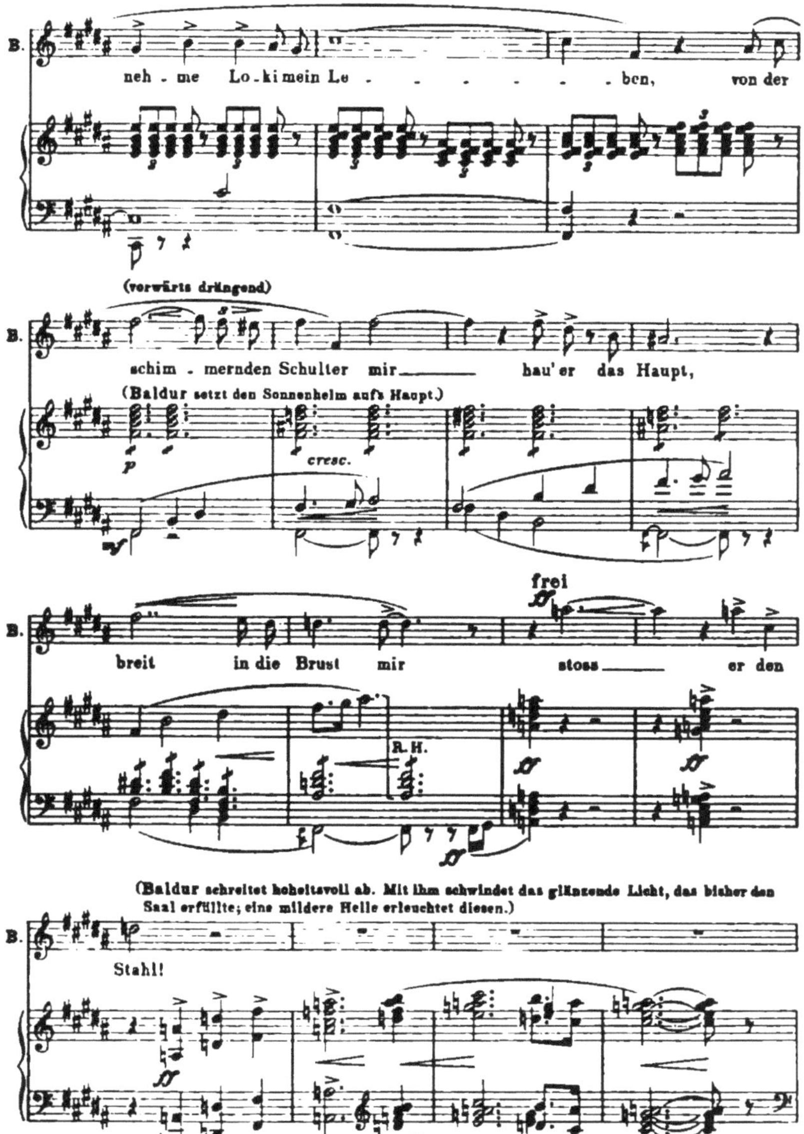
B.
neh - me Lo - ki mein Le - - - - - - - ben, von der
(vorwärts drängend)
schim - mernden Schulter mir hau'er das Haupt,
(Baldur setzt den Sonnenhelm aufs Haupt.)
p
cresc.
mf
frei
breit in die Brust mir stoss er den
R. H.
sf
(Baldur schreitet hoheitsvoll ab. Mit ihm schwindet das glänzende Licht, das bisher den Saal erfüllte; eine mildere Helle erleuchtet diesen.)
Stahl!

42

Langsam und feierlich. M.M. ♩ = 88.

Odhin.

All _ wissend ist All _ va _ ter nicht, a _ ber ahnungsvoll!

Trau ri _ ge Täuschung trägt zu wei _ len auch Wei _ se: A _ ber ich ah _ ne im

hof _ fenden Her _ zen: Nicht wird die Nacht um Nanna uns neh _ men den

(er schreitet feierlich vom Hochsitz in die Mitte der Bühne. Alle umringen
(steigernd im Ton)

blü _ henden Bal _ dur! Sieg _ haft und se _ lig trägt sie in

ihn im weiten Halbkreis)

Treu _ e die La _ sten der Lie _ be! Und herr _ _ lich nach

(düster, ahnungsvoll)

lo_dert und Treu _ e in Trümmern _ dann däm_mert das dunkle Ver_

(wuchtig)

der _ ben dumpf und drohend auf ü_ber Asgard und die Er _ de.

glissando

Doch: noch nachtet es nicht: Denn noch lebt lau_te_re Lie _ be:

Denn Wei _ bes Werth_ er wird sich er _ wah _ ren!

dim.

Odhin, die Hände langsam. wie segnend erhebend bleibt bis zum Schlusse regungslos stehen:

Freia mit Sopran.

(Weihevoll) (Alles blickt verklärt auf **Odhin**. Die weiblichen Anwesenden knieen:)

CHOR.

Doch — noch nachtet es nicht: Denn noch lebt lau.te.re Lie _ be:

Thor mit Bass.

Doch — noch nachtet es nicht: Denn noch lebt lau.te.re Lie _ be:

(begeistert)   Tempo wie früher.

Denn Wei.bes Werth — er wird sich er . wah —

Denn Wei.bes Werth — er wird sich er . wah —

Tempo wie früher.

(Niederwallende Wolken verhüllen **Asgard** und die **Götter**)

ren.

ren.

48

Zwischenvorhang fällt.

Zwischenaktsmusik (Frühlingskommen).
Langsam. M.M. ♩ = 60.

Ein wenig bewegter, doch sehr gehalten.

beschleunigend

Früheres Tempo.

allmählich cresc. bis zum Forte

Ruhiger, doch freudig.

im früheren Zeitmass, doch etwas gemessener

3. Scene.
(Auf Erden.)

(Rechts und links Tannenwald, in der Mitte Durchsicht auf's Gebirge. Nanna's Königsschloss kann sichtbar sein; links eine Rosenbank. Die Scene stellt sichtlich nahenden Frühling dar, doch noch kein blühen. Sonnige Waldesbeleuchtung.)

Hal_len und fern _ her Früh_lings_lüf _ te wehn._

Tenor. (Die Jünglinge stürmen freudig von links auf die Bühne.)

Jünglinge.
Bass.

Zum

Wal _ de lasst uns fröh_lich wal _ len, den hol _ den Mäd _ chen

CHOR.

Sopran.
Alt.
Tenor.
Bass.

Ja, lasst den Rei-gen-tanz uns schlin-gen,

bald wird hier Bal-dur's A---them wehn! Dann blüh'n die Blu-men

Etwas langsamer.

Vög-lein sin-gen, die Göt-ter nah'n auf lei-sen Schwingen und

Etwas langsamer.

je _ _ _ des   Wun _ _ _ der

kann _ _ _   ge _ _ schehn!

Maientanz.

(Die Jünglinge haben das andere Ende der Kränze, welche die Mädchen in Händen halten ergriffen, Alles führt eine ruhige Tanzbewegung aus.)

Gleiche Viertel.

dol.

Etwas verbreiternd.

ritard.

(Alle tanzen langsam nach links ab.)

Horn a. d. B.

Allegro. M. M. ♩ = 152. **4. Scene.**

(Nanna tritt stürmisch auf und blickt den Ver-

schwundenen sinnend nach.)

Langsam, frei.

Nanna. *p*

a tempo

Da flattern sie im Reigen hin! Be _ glückt be _

glü _ ckend oh _ ne Fra _ gen! In die _ sen er _ sten Frühlings _ ta _ gen,

(warm.)

wann sich ans Licht die Knospen wagen, verlangt nach Glück,

so heiss der Sinn! Wa _

Ruhig fliessend. M.M. ♩=120

rum bin ich zu Wald ge_gan_gen? Mich lockt doch nicht der Rei _ gen_tanz! Er glü _ _ _ hen fühl' ich mei_ne Wan _ _ _ gen! Dich sucht mein Seh _ nen und Ver _ lan _ _ gen. O Fremd_ling mit dem Veil _ chen_kranz!

Etwas bewegter.
(warm)

Hier traf ich ihn den

66

N. ein - mal nur ____ ihn wie - der schau - en und

N. hö ____ ren sei - nen wei - chen Ton! Mir un ____ glück ____

N. se - ligsten der Frau ____ en, Trost ____ wür - de

N. tief in's Herz mir thau ____ en, ein Lä - cheln, ein

frei   a tempo   rit.

N. Lächeln sei - nes Mun ____ des schon.

Nanna (sieht den Fremdling nahen).

Helft, all'ihr Göt.ter mich be.zwin.gen! Er ist's! Er

naht! Das Herz___ will mir zer.springen.

5. Scene.

Baldur, als Fremdling, weisses Gewand, grüner Mantel, mit goldenem Helm, um den ein Veilchen-kranz geschlungen, mit Schwert umgürtet, tritt von rechts auf.

Ruhig bewegt.

Fremdling (etwas entfernt, stehen bleibend).

Sei mir ge _ grüsst!

Nanna.

(warm)

Sei mir ge _ seg _ -

73

Wann hart Stiefmut-ter mich ge-scholten, sucht'ich der El - tern Hü-gel-

nicht eilen

stein! Und meine bitt'ren Thrä - nen roll - ten auf ih - re Gruft im

Ster - nenschein! Ich kann nicht schmeicheln, kann nicht lü-gen,

mir gab ein Gott ein schweigsam Herz, still in mich selbst in dürft'-gen Zü-gen

sang'ich die Freu-den und den Schmerz. Sie schel-ten mich, nicht könn' ich

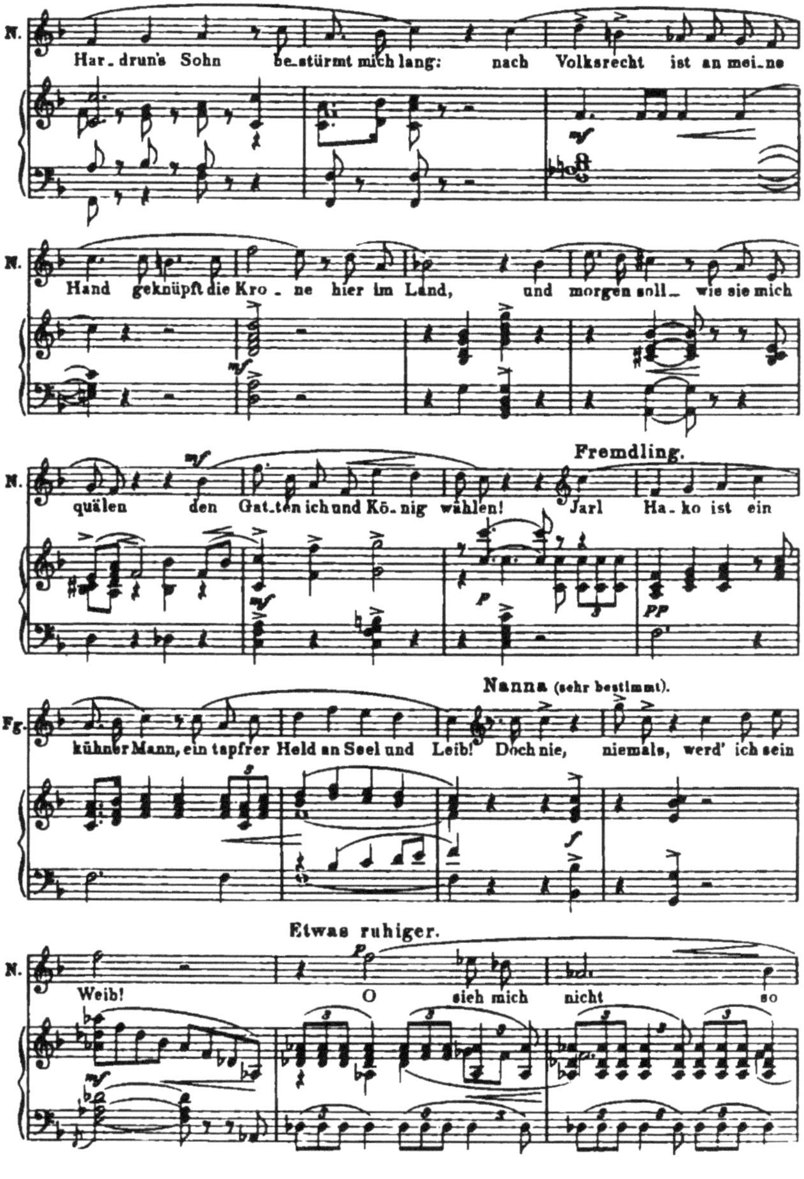
N.
Har-drun's Sohn be-stürmt mich lang: nach Volksrecht ist an mei-ne
mf
N.
Hand geknüpft die Kro-ne hier im Land, und morgen soll- wie sie mich
mf
N.
quälen den Gat-ten ich und Kö-nig wählen!
mf
Fremdling.
Jarl Ha-ko ist ein
mf
p
pp
Fg.
kühner Mann, ein tapfrer Held an Seel und Leib!
Nanna (sehr bestimmt).
Doch nie, niemals, werd' ich sein
f
Etwas ruhiger.
N.
Weib! O sieh mich nicht so
p
mf

76

Feurig bewegt. M.M. ♩ = 120.

Nan _ na, wie du lieb _ lich bist! O nein! O wende

schä _ mig nicht dein glut _ durchstrahltes An _ gesicht!

Du weisst es jetzt, was Lie _ _ ben

heisst, die Lie _ _ _ be die kein

Feind nun mehr zer _ reisst, die Lie _ _ be,

die in Ge _ fahr und in

Noth, stets hei _ lig wahrt,
frei

Treu _ e bis zum Tod!

Du weisst es, weil die_ses scheue Herz, so rein wie

Gold so stark wie Erz, weil dieses Herz so stolz und

Fg.

Wort soll un_ter Sternen schwe _ ben so lan_ge Göt_ter und Men_schen

(Er steckt Nanna einen Ring an den Finger.)

Fg.

le _ ben. *espress.*

Nanna (betrachtet entzückt das Ding).

Mit die_sem Rin _ _ ge, gol _ dig klar, werd' ich dein

mf espress.

etwas verbreiternd   a tempo

N.

Weib auf im _ _ _ mer_ dar!

dim.

Etwas bewegter.
Fremdling.

Vertrau_e See _ _ le mir und Leib! Ich

R.H.   R.H.

nen_ne dich mein se_lig_ Weib! Ver_

trau_e mir du sollst es nie be_reu_en. Ver_

trau_e mir! Dein harrt ein e_wig

Bewegter.

Freu_en! Doch

erst wird Schmach und Schmerz dich hart be_

Nanna (sich fassend, mit erhobener Stimme).
(frei)   rit.   **Sehr rasch.**
                                                                 (mit aufjubelnder Kraft)

Das An _ tlitz er _ bleicht,   die   Lie _ _ _ _

Ruhig bewegt. M.M. ♩ = 108.

_ be nicht!

Fremdling (mit Wärme).

Nicht darf ich dir das Räthsel lö _ sen,   nicht dir als Retter nahe

sein   ach, schutzlos muss ich al _ lem Bö _ sen   dich _

Nanna (hingebend).   (bestimmt)

ü _ berlas _ sen.   Ich   bin _   dein!   und muss ich

N. To _ des _ schmer _ zen lei _ den der Tod soll

N. nicht von dir mich schei _ den.

Fremdling (begeistert).

Hast du be _ stan _ den, wird zum

Fg. Loh _ ne dir nie _ ge _ ahn _ ten Glü _ ckes Kro _ ne!

Nanna.

Ich

L. II.

N. ha _ be schon den Lohn em _ pfan _ _ _

(bis zum Schluss steigernd im Ton und Ausdruck)

N. gen! An dei _ nem Her _ zen durft' ich han _ gen was nun noch

espress.

mf

espress.

kommt der Schmerz ist klein un . end . . . . lich das

Glück! denn ich ___

(überselig)

Sie stürzt jubelnd an seine Brust. Innige Umarmung; der **Fremdling** zieht dann Nanna sanft auf eine Rasenbank.

bin dein!

verbreiternd

immer ruhiger im

Die Abendröthe nimmt immer mehr zu und steigert sich bis zum Schluss des Aktes.

Tempo

express. *rit.*

rit.

Ruhig. M.M. ♩ = 69.
Nanna.

(innig)

Nur wer der Sehnsucht Qual ge_tra_gen, in wachen

Fremdling.

(innig)

Nur wer der Sehnsucht Qual ge_tra_gen, in wachen

Tempo

pp

N. Näch_ten, trü_ben Ta_gen, der Sehnsucht herz_ver_zeh_ren_de

Fg. Näch_ten, trü_ben Ta_gen, der Sehnsucht herz_ver_zeh_ren_de

rit. **Tempo**

N. Pein, nur der kann von der Lie__be sa_gen!

Fg. Pein, nur der kann von der Lie__be sa_gen!

Tempo

rit.

pp

Etwas bewegter.

(mit erhobener Stimme)

N. Die gan _ ze Welt ist mir ver _ sun _ ken, ich hange bebend, won _ ne _

(mit erhobener Stimme)

Fg. Die gan _ ze Welt ist mir ver _ sun _ ken, ich hange bebend, won _ ne _

Etwas bewegter.

N. trun _ _ ken an dei _ nen Bli _ cken ganz al _ lein!

Fg. trun _ _ ken an dei _ nen Bli _ cken ganz al _ lein!

(frei) rit.

N. O du mein Glanz, mein Son _ nen _ schein!

(frei)

Fg. O du mein Glanz, mein Son _ nen _ schein!

rit. a tempo

Fremdling sinkt vor Nanna nieder, schwärmerisch zu ihr aufblickend. Nanna steht auf und schaut überselig auf ihn nieder. Der ganze Horizont in der Waldlichtung ist mit glühenden Abendroth erfüllt, in der Mitte desselben erscheint Freia, beide segnend.

Der Vorhang fällt.

Zweiter Aufzug.

Vorbau der Königshalle links, Baldurtempel rechts, zu dem einigen Stufen empor führen, eine Statue
vor dem Thore des Tempels. Über dem Tempel breiten sich Zweige mächtiger Eichen, deren Stämme sichtbar sein können aus. Die Zweige dieser Eichen verbinden sich mit dem Balkenwerk der Vorhalle. Links
erhöht drei Sitze. Hintergrund weite Wasserfläche (mit einer Anfahrt) begrenzt von nordischen Bergen.

1. Scene.

Hardrun (steht allein, auf die Wasserfläche schauend, die düster von Wolken beschattet liegt).

Un - se - lig Loos, das mir ge - wor - den, das ich nun zwan - zig
(mit klagendem Ausdruck)

(zögernd)   im Tempo

Jah - re tra - ge in stum - mer Kla - -

Langsamer.

ge! Kein König glich im ganzen Norden, dem

Herr - lichen. dir mein Ge - mahl, ihm, Har - da - son von

Bewegter.   wieder langsamer

Har - ja - dal. Mein Ha - ko wuchs her - an,

96

sie soll_te Köni.gin hier sein, wen heut' sie wird zum Gatten

(Majestätisch.)

kü_ren, soll dieses Rei_ches Scep_ter füh_ren; doch

ach, ich sah in mei_nem Sohn em_por___ die heisse Lie_be lohn

(aufbrausend)   frei (gross)

zu der verhass_ten Maid! Da schwur ich hohen Eid: sie

(frei)

muss die Hand ihm rei_chen, auf dass er herrsche in beiden

tempo

(Hardrun bleibt lange, bis zum Auftritt des Volkes, sinnend stehen).

(Hardrun schreitet, düster sinnend, vor die Stufen des Thrones.)

Im Tempo allmählich bewegter.

2. Scene.

Die Wolken ziehen allmählig ab. Tageshelle erfüllt die Scene. Das Volk tritt auf. Die Königshalle wird mit grünen Tannenkränzen geschmückt.

Lebhaft. M.M. ♩ = 112.

(Das Volk bringt frohe Feststimmung zum Ausdruck.)

CHOR.

Sopran.
Alt.
Nun kam sie die Ent_schei_
Tenor.
Bass.

_dungsstun_de für dieses Volk von Gau_ta_land: ihr

Göt _ _ _ _ _ ter seid mit uns im

Bun — do: zu wei — ser Wahl lenkt Nan — na's

Hand! (Krieger und Priester feierlich.)

Denn al — so ward der

Eid ge — schworen als Kö — nig Knut im To — de

schwand: wenn Nan_na zumGemahl er _ ko _ ren,

der wer_de Fürst von Gau _ ta _ land.

Voll _ en _ _ _ det

104

Ho. schicksals-vol-ler Zeit: denn heu-te hält die Braut zu-mal, die

Ho. Gat-ten und die Kö-nigs-wahl!

(Er wendet sich zum Volk.)

Ho. Du weisst es, Volk von Gau-ta-land, seit lan-ge schützt dich diese

Ho. Hand:— Du weisst auch wie seit frü-hen Ta-gen für

Ho. Nanna nur dies Herz ge-schla-gen. Aus Kin-der-spiel er-wuchs all-

Ho. mäh _ _ lich dies Lieben, das mich won ne _ se _ lig, doch auch mit

Ho. Sehnsuchtspein durchdringt. Nach Schön _ heit,

Ho. Hel _ den stär _ ke ringt, die Ro _ _ se heischt das Ei _ chenreis!

Ho. Was nützt mir Ruhm und Siegerpreis? Nach Lie _ be lechzt die See _ le

Ho. heiss! So hoff' ich, wird mir heut' mein Lohn, der Holden

(Hier betritt **Nanna** die Stufen, die zum Thronsitz führen.)

Breiter werdend.

Tromp. a. d. Bühne.

(**Nanna** ist vor dem Thronsitz angelangt, vor dem sie stehen bleibt. Das Volk schliesst einen Halbkreis vor dem Thron.)

Volk.
(feierlich zu **Nanna**)

CHOR.

Langsam, feierlich. M. M. ♩ = 76.

In die - ser heil' - gen Ei - che Schat - ten zur

Langsam, feierlich.

Wahl — des Kö - nigs und des Gat - ten rief, Nan - na, dich der

(Zum Wasser gewendet, auf dem die Freier angefahren kommen.)

Hör _ ner Ton. Schau hin! Die Frei _ er nahen schon!

(Dann zum Herold.)

Auf! He _ rold, nenne jetzt die Na _ men der Helden, die zu

(Nanna wird ein kurzes Scepter dargereicht, welches sie ergreift.)

wer _ ben ka _ men, du a _ ber rei _ che deinen Stab

ihm,___ dem dein Herz___ sich ei___ gen

Marschtempo. M. M. ♩ = 98.

gab.

(Der König Harald ist auf einem Drachenschiff angefahren, ausgestiegen, geht auf Nanna zu.)

Marschtempo.

Ein Herold (tritt vor).

Der Kö___nig Ha___rald Hil.detand, von

(Nanna bleibt regungslos, der König geht, sich verbeugend, vorüber und stellt sich auf den ihm

Hd.

Thrand.heim und von Ha___da.land!

114

Ha - ko wer - de dein Ge - mahl!

Etwas langsamer.
Hardrun (ernst und streng).

gehalten   gedehnt

Du schweigst?   Du schüttelst stumm das Haupt?   Du

mf espress.

Bewegt. M.M. ♩ = 120.

Hn.

willst wohl gar nicht dich ver - mählen?

espress.

(in Bewegung auf Nanna)

CHOR.

Volk.

Dem Reich darf nicht der Kö - nig

sf

116

119

Hako (zornig).

N. nicht! Den Na _ _ men des Frev _ lers, du willst ihn nicht

Hardrun (empört).

Ho. nennen? Du wirst doch den Na _ _ men des

ruhiger
Nanna (ruhig).

Hn. Gat _ _ _ _ ten ken _ nen? Ich

Bewegter. M. M. ♩ = 126.

N. kenn' ihn nicht!

CHOR. **Volk** (aufbrausend). Schmach oh _ _ ne

a tempo

(unwillige Bewegung des Volkes)

N. licht: doch wo er weilt, ich weiss es nicht!

Hardrun (mit Grösse).

(zustimmende Bewegung des Volkes)

Hört, das ist Hohn!

Hn. Wollt ihr von allen Nordlandsöhnen

(Die Krieger blicken fragend zu Hardrun)

Hn. euch täu-schen las-sen und ver-

(abwehrende Bewegung der Männer)

(mit Verachtung)

Hn. höh-nen durch die-ses

Hu. trotz ge-mu _ _ the Kind? Was sie da sprach, ist nur er_

(bestimmt)

espress.

Hn. fun _ _ den, dass sie der Gat_ten_wahl ent_bun_den,

mf

Hn. fort le _ be frei und starr _

f

Hn. ge _ sinnt.

ff

Hako. Wer Nan _ _ na

(warm)

mf

128

Hardrun (gedehnt).

Er - fun - - den ist die gan - ze Mär.

Langsam.
Nanna (betrachtet entzückt den Ring).

Hier diesen goldnen Ring_ schaut her_ gab mein Ge-mahl als

espress.

pp

N.

Un - ter-pfand mir un - sers Bun - des in die

(Sie schreitet vom Throne **Hako** (empört zu Nanna).
herab, vor den Stufen
Schnell. stehen bleibend.)

N.

Hand Fort_ mit dem Ring!

Nanna (bestimmt, mit erhobener Stimme).

Mit mei-nem Le - - ben al - lein will die-sen

(Nanna hebt den Königsstab etwas höher und
schreitet einige Schritte gegen die Mitte der
Bühne zu.)

Kühn - heit, wel - cher Hohn!

Nanna (begeistert).

Es ist sein ei - gen die - se gold' - ne Kron'!

Sein ist, dem ich mich ei - gen gab, mein

Land und die-ser Kö - - nigsstab. Ihr __ die ihn

cresc.

Etwas ruhiger.   (unwillige Bewegung aller.)

in sei_nem Na_men grüss'__ ich sie.

Voriges Tempo.
Hako (aufbrausend)   Nanna.

Dem Fremd_ling soll das Haupt ich beu_gen! Ihr

trotzt? ihr fragt, ob ich von Sin_nen sei? doch die Göt_ter steh'n der

(mit erhobenem Königsstab auf die Baldurstatue zuschreitend.)

Unschuld bei.   Gott Bal_dur, der das

Recht du wahrst, der du die Wahr_heit of_fen_barst: Gott

Ein wenig langsamer. M. M. ♩ = 120.

(Es wird dunkel.)

(Auf den Blitz und Donner ist das Volk zurückgewichen die Bal_durstatue versinkt, an ihrer Stelle erscheint der Fremdling von magischem Lichte umflossen. Das Volk und alle, ausser Nanna und Fremdling bleiben während der nächsten Scene regungslos; einige sind wie vom Blitz getroffen in's Knie gesunken.)

N. Kniel

Blitz. Donner.

L. H.

Fremdling.

Du riefst nach mir:— ich bin bei dir!—

Das ist der wah_ren Lie_ _be Macht!

Ruhiger.

in - ne wer - den, so mäch - - - tig ist kein Ding auf Er -

den, als ech - - te Lie - - -

- be tief und wahr.

(Er hat den linken Arm mit dem grünen Mantel wie schützend über **Nanna** ausgestreckt, neigt sich über sie und küsst sie sanft auf die Stirne.)

Nanna (sinkt in die Knie, entzückt zum Fremdling aufblickend).

Nicht forsch' ich mehr ich hab's ver - sprochen!

(aufjubelnd)

Strahl auf Tod und Le ben du mein Ge

mahl!

Blitz und Donner

(Der Fremdling verschwindet. Nanna steht verklärt, ins Weite schauend. Die frühere Tageshelle kehrt allmählich zurück. Nachdem der Fremdling verschwunden, lösen sich Alle nach

und nach aus der Erstarrung.)

Langsamer.

dim.

Ruhig. M.M. ♩ = 98.

ppp   pp

Hako (sich krampfhaft aufrichtend).

Ha!____ Fre _ vel und Schmach!

pp

144

Hn. Zau _ berthaten! Das Reich an einen Fremden verrathen!

Hn. Fin _ det das Ur _ theil nach uns' _ rem Recht!

(Die Männer schliessen einen vollständigen Kreis um Nanna, die in die Mitte desselben geführt wurde.)

sehr wuchtig ritard.

Breit und wuchtig. (M.M. ♩ = 80.)

CHOR.

Tenöre.

Sie _ hat ent _ ehrt un _ ser Kö _ nigs _ ge_

Bässe.

(mit aller Kraft)

sta____ben: Le_ben____dig im

Wald sei sie be_gra_____

ben. (Der Ring löst sich wieder auf.)

Nanna.

(verklärt)

Ich weiss in

al - ler Käm - pfe Pein, wird sieg - haft mei - ne

(begeistert)

Lie - be sein!

(Nanna wird gefesselt, Jungfrauen stecken ihr einen schwarzen Schleier

in's Haar, sie steht verklärt. Alles schaut, verschiedene Gefühle zeigend, auf Nanna.)

Der Vorhang fällt.

Dritter Aufzug.

1. Scene.

(Urwald, finster, schaurig. Vorfrühling: alles grau und lichtlos. In der Mitte in der Versenkung wird ein Grab gegraben, mächtige Felsplatten lehnen dort, es zu schliessen.)

(Der Vorhang öffnet sich.) (Erster und zweiter Todtengräber stehen arbeitend in der Versenkung.)

1. Todtengräber.

Bein zu Stein, Stein zu Bein,

Fleisch zu Staub und Er _ _ de! Le _ bens noth _

2. Todtengräber.

stillt der Tod: Grab, du Ruhhaus wer _ de!

*) Auf jede Streicherfigur ist eine Grabarbeit gedacht.

1. Todtengr.

Star _ _ ker Arm,   Herz _ blut warm,

2.T. Star _ _ ker Arm,   Herz _ blut warm,

expr.

1.T. lieb _ li _ che Ge_bär _ _ _ de,   gold _ _ nes

2.T. lieb _ li _ che Ge_bär _ _ _ de,   gold _ _ nes

1.T. Haar, _____   Au _ gen klar: _____   al _ _ les

2.T. Haar, _____   Au _ gen klar: _____   al _ _ les

1.T. schlingt die Er _ _ de! Schon man_ches Grab hab' ich ge_

2.T. schlingt die Er _ _ de!

1.T. gra_ben, ge_wölbt schon man_chen Hü_gel_bau. Für zar_te

1.T. Mäd_chen, ra _ _ sche Kna_ben, für star_ken Mann und

2. Todtengr.

1.T. blüh'n _ de Frau. Und hart zer_drück' ich je _ de

157

(Sie zerbrechen ihre Werkzeuge und werfen sie in's Grab.)

(Sie heben beide Arme zum Fluche.)

(Sie lassen die Arme sinken und gehen langsam ab.)

2. Scene.

161

Priesterinnen, Harfen schlagend, treten an der Spitze des Zuges zuerst auf (der Alt voraus); Nanna, gefesselt, mit gelöstem Haar, in weissem Gewand; Krieger, Frauen.

tanz.

er schied,

Er kam, man weiss es nicht, von wannen, er schied,

und Niemand weiss _____ wo . hin?

und Niemand weiss _____ wo . hin?

Sopran.

Alt.

Volk (traurig, klagend). Du bist be . tro . gen Kö . . . nigs . toch . . ter

Tenor.

Bass.

N. Won - ne, o heil'ger Früh - ling, dei - nen Duft.

N. Wohl trank ich gern in duft'gen Zü - gen den

N. Mor - gen hauch wie küh - len Thau: dem Au - ge woll - te

N. kaum ge - nü - gen das Meer des Lichts im Him - -

N. - mels - blau. So lebt denn wohl ihr Blu - men

al _ le, ihr stil len Freun _ dinnen im Thal: ihr Vög.

_ lein mit dem sü _ ssen Schal _ le, so lebt denn wohl viel

rit.

tau _ send _ mal. Wohl wird es wie _ der Früh _ ling

Ruhiger.

wer _ den, auf spriessen die Blu _ men dann al _ le mit Macht:

frei

mich a _ ber deckt in dunkler Er _ den ein schwerer Stein in

Früheres Zeitmass.

(Den Blick nach oben gerichtet, bleibt sie wie entrückt stehen.)

N. ew' - ge Nacht.

3. Scene.

Lebhaft. M.M. ♩ = 132.

(Geräusch hinter der Scene.)

Hako (hinter der Scene).

Halt ein! Halt

(Hako, behelmt, vollbewaffnet, stürmt von rechts herein, sich durch die Krieger Bahn brechend.)

Ho. ein! Ich bre - che,

Ho. Nan — — na, dei — — ne Ban — de!

Ho. Ich will noch jetzt dein Ret — ter sein!

Ho. Ich — will dir al — le Schuld ver —

Ho. zeih'n.

Alle. (zu Hako) Was wagst

168

Hako (mit grosser Wärme).

Nur lass von ihm, der dein Le_____ben zer_brach! Nur lass von dem Flüchtling, der____ dich____ ver_ra_then! Da schaust du das En_de sei_ner Tha____

(entrüstet)

Ho. . . . then! Er hat dich be _ thört, hat dein

Ho. Herz____ zer _ stört, er durf _ te, der

Ho. Sel' _ _ ge, dich lie _ bend um _ fas _ _ sen,

Ho. und nun hat der Feigling dich__ ver _ las _ _ _ sen!

Mich hast du ver – schmäht,____ mich hast du ver –

achtet: ich____ a – ber jetzt, da das Grab dich um –

legato

nach – tet, da dich furcht – bar be – droht der

grau – sam – ste Tod, ich steh' zu dir in

173

176

Her - zen: wie nur Ein
Herz und ei - nen Leib, hat ei - ne
Lie - be nur das Weib. Auf - jauch - zend
un - ter To - des - schmer - zen, sterb' ich für

N. ihn, den ich ge _ liebt!

N. Ja, ob in Gluht die Welt zerstiebt, _ sein bin ich ü _ ber al _ le

N. Zeit: Denn Lie _ _ _ _ _

N. be das heisst E _ wig _ keit.

Hako (fasst sie an).

Ich ret.te dich. ob du willst ob

Nanna (stösst ihn mit aller Kraft von sich).

nicht! Hin _ weg von mir! Leb wohl denn Himmelslicht!

(In höchster Begeisterung.)

Ge _ lieb _ _ _ _ _ ter: _

(sie springt in's Grab)
(Hako stürzt entsetzt verzweifelnd ab.)

e _ wig bin ich dein!

4. Scene.

(Plötzliche Finsterniss. Blitz-Donnerschlag: nachdem die bisher finstere, unheimliche Stimmung langsam, sehr

allmählich, in glänzenden Frühlingsschein verwandelt ist, erscheint **Baldur** mit **Nanna** langsam aus dem

Grabe. Was von der im Chor geschilderten, eintretenden Umwandlung dargestellt werden kann, soll mit

Hülfe aller bühnentechnischen Mittel dargestellt werden.)

Volk. Ha, welch' ein Rau — schen in den

Lüf . . . . ten!   Es blitzt,

Es blitzt,   es

(Blitz)   (Donner und Wind).

es donnert   braust _____ und weht!

donnert,   es donnert,   braust _____ und weht!

Ein warmer Hauch von Veilchendüf . . ten be . rau . schend durch die

... chen - kranz.

(Alles Volk stürzt auf die Knie. Baldur, wie in der 1. Scene des 1. Aufzuges geschmückt
und Nanna in goldglänzendem Götterkleid sind langsam aus dem Grabe emporge-
kommen; von strahlendem Lichte umflossen bleiben sie stehen.)

Gott

Baldur.   Langsamer. M.M. ♩ = 84.   mf

Heil,

Bal - dur hab' Er - bar - men!

rit.

Langsamer.

B. Nan _ na, dir, un _ sterb _ lich

B. gross! _____ Ein Weib,_ das solche Lie _ be trug, ist nun des

B. Him _ mels werth ge _ nug. Da du so treu an mich ge_

B. glaubt, hast du ge _ ret _ tet mein ei _ gen Haupt! _____

B. Hö - ret, ihr Himm - lischen, er - fahrt es, ihr Ir - dischen:

glissando

B. (mit erhobener Stimme)
"Noch nachtet es nicht; denn noch lebt lau - te - re

espress.

B. Lie - be, und Wei - - - bes - werth wird stets sich er -

espr.

B. wah - - - - - reu!"

r. H.

r. H.

L. H.

Etwas langsamer.

4 Stimmen a.d. Höhe des Bühnenraumes (wie von Walhall kommend).

„Noch nach-tet es nicht, denn noch lebt lau-te-re Lie-be!"

Etwas langsamer.

(Das Volk, das bisher gekniet, springt jubelnd auf.)

Lebhaft. M.M. ♩ = 130.

„Ja, Wei - bes werth, wird

stets sich er wah - - ren!"

Langsamer. M.M. ♩ = 80.

Langsamer.

(Baldur und **Nanna** werden in einem Blumenwagen, vom Grabe weg, allmählich aufwärts getragen; im Hintergrund erscheint **Walhall**, unter Blumenregen fällt der Vorhang.)

DATE DUE

GAYLORD			PRINTED IN U.S.A.